Babybrei

Rezepte für den Thermomix

W0196685

Vorwort

In diesem Kochbuch für den Thermomix finden Sie tolle und vielfältige Rezepte für Babys Beikostzeit um Ihrem kleinen Schatz frische selbstgemachte Breie zu kochen.

Nichts macht mehr Spaß, als selber für das eigene Baby zu kochen und vor allem genau zu wissen, welche Zutaten verwendet worden sind. Dank dem Thermomix ist dies ohne großen Aufwand und sehr schonend möglich.

Sie finden hier die Grundrezepte für Mittags, Nachmittags und Abends ebenso wie auch Spaghetti Bolognese oder eine leckere Beerenpolenta. Alle Rezepte sind mit dem Thermomix getestet und von unserer kleinen Testesserin erprobt.

Wenn in Rezepten als Stufe z.B. 3.5 für den TM 5 angegeben ist, entspricht dies Stufe 3–4 für den TM 31.

Gegebenenfalls abweichende Temperaturangaben für den TM 31 finden Sie in den Rezepten jeweils in Klammern.

Liebe Eltern und Großeltern,

dieses Buch enthält verschiedene Babybrei-Rezepte für den Thermomix. Als Eltern kamen wir zu der Idee, dieses Buch zu machen, weil wir uns – wie auch Sie als Eltern und Großeltern – gefragt haben, wann welche Lebensmittel für unser Kind empfehlenswert sind. Als Eltern haben wir alle Rezepte im Thermomix gekocht und unserer Tochter gefüttert.

Bei unseren Hinweisen zur Einführung von Beikost und bei den Altersempfehlungen haben wir uns an die aktuellen Ernährungsempfehlungen gehalten. Natürlich ändern sich diese im Lauf der Zeit immer mal wieder. Außerdem kennen Sie Ihr Kind und Enkelkind am besten und können die Einführung von Beikost individuell gestalten. Sehen Sie unsere Hinweise als freundlich gemeinte Tipps, nicht als starre Regeln.

Alle Rezepte in diesem Buch haben wir für das angegebene Alter gekocht und zu dem Zeitpunkt gefüttert. Unsere kleine Testesserin hatte natürlich ihre Vorlieben, so wie auch Ihr Kind oder Enkelkind seine Vorlieben haben wird. Daher ist das Buch bewusst sehr vielfältig gestaltet.

Sie können bei unseren Rezepten für den Thermomix natürlich das Obst und Gemüse ganz nach Belieben und Jahreszeit variieren.

Teilweise haben wir bewusst tiefgekühltes oder konserviertes Obst und Gemüse verwendet, da es nicht immer möglich ist, frische Ware zu bekommen. Selbstverständlich können Sie diese Zutaten durch frisches Obst und Gemüse ersetzen.

Am Ende des Buches haben wir für Sie noch wichtige Fragen rund um das Thema Beikost beantwortet.

Inhaltsverzeichnis

Nachmittagsbrei

Abendbrei

Gem

Zutaten fi

600 g	...ehren,
	...s od. Pastinake
400 g	Wasser
100 g	Fruchtsaft
8–10 g	Butter oder Öl pro Portion

Zubereitung

> Gemüse in Stücken in den Mixtopf geben, **3–5 Sek./Stufe 5** zerkleinern und in das Garkörbchen umfüllen. Die Zeit ist abhängig vom Gemüse.

> Wasser in den Mixtopf einwiegen, das Körbchen einhängen und **15 Min./Varoma/Stufe 2** garen.

> Körbchen aushängen und das Garwasser umfüllen.

> Gemüse, Saft und ca. 200 g Garwasser in den Mixtopf geben, **30 Sek./Stufe 8** fein pürieren.

> Den Brei in Portionen einfrieren und vor dem Füttern Butter oder Öl hinzufügen.

Nährwerte/Portion: 140 kcal | EW 1,03 g | F 10,22 g | KH 10,96 g

Tipp *Für die Einführung der Beikost können Sie den Brei in Eiswürfelbehältern einfrieren, so haben Sie anfangs immer kleine Mengen parat.*

Gemüse-Kartoffel-Brei

Zutaten für ca. 5 Portionen

400 g	Gemüse, in Stücken	400 g	Wa
200 g	Kartoffeln, in Stücken	100 g	Fruc
		8–10 g	Butt ... on

Zubereitung

› Gemüse und Kartoffeln in Stücken in den Mixtopf geben, 4- ... nern und in das Garkörbchen umfüllen. Die Zeit ist abhängig von Ge...

› Wasser in den Mixtopf einwiegen, Körbchen einhängen und **15 Min./Varoma/Stufe** 2 garen.

› Körbchen aushängen und das Garwasser umfüllen.

› Gemüse, Saft und ca. 200 g Garwasser in den Mixtopf geben, **30 Sek./Stufe 8** fein pürieren.

› Den Brei in Portionen einfrieren und vor dem Füttern Butter oder Öl hinzufügen.

Nährwerte/Portion: 152 kcal | EW 1,57 g | F 10,13 g | KH 13,60 g

Gemüse-Kartoffel-Fleisch-Brei

Zutaten für ca. 5 Portionen

330 g	Gemüse, in Stücken	400 g	Wasser
160 g	Kartoffeln	100 g	Fruchtsaft
120 g	Fleisch, z.B. Rind, Lamm usw.	8–10 g	Butter oder Öl pro Portion

Zubereitung

› Gemüse, Kartoffeln und das Fleisch in Stücken in den Mixtopf geben, **5 Sek./Stufe 5** zerkleinern und ins Garkörbchen umfüllen. Die Zeit ist abhängig vom Gemüse.

› Wasser in den Mixtopf einwiegen, Körbchen einhängen und **15 Min./Varoma/Stufe** 2 garen.

› Körbchen aushängen und das Garwasser umfüllen.

› Gemüse, Saft und ca. 200 g Garwasser in den Mixtopf geben und **30 Sek./Stufe 8** fein pürieren.

› Den Brei in Portionen einfrieren und vor dem Füttern Butter oder Öl hinzufügen.

Nährwerte/Portion: 176 kcal | EW 6,04 g | F 11,40 g | KH 12,28 g

Blumenkohl-Kartoffel-Brei   *ab 6. Monat*

Zutaten für ca. 5 Portionen

150 g	Möhren, in Stücken
200 g	Kartoffeln, in Stücken
35 g	Haferflocken, z.B. 4-Korn-Flocken
100 g	Nektarine o. Pfirsich, in Stücken
200 g	Blumenkohl, in Röschen
350 g	Wasser
8–10 g	Butter oder Öl pro Portion

Zubereitung

› Das Gemüse putzen und wenn nötig schälen.

› Kartoffeln und Möhren in den Mixtopf geben, **3 Sek./Stufe 5** zerkleinern.

› Haferflocken, Nektarine, Blumenkohl und Wasser hinzugeben,
12 Min./100°C/Stufe 2 kochen (Garkörbchen als Spritzschutz verwenden).

› Den Gemüsebrei **30 Sek./Stufe 8** fein pürieren.

› Wenn Sie den Brei gerne stückiger haben möchten,
dann nur **10 Sek./Stufe 6** pürieren.

› Je nach gewünschter Konsistenz evtl. noch etwas Wasser dazugeben.

› In Portionen einfrieren und vor dem Füttern pro Portion
ca. 8–10 g Butter oder Öl zufügen.

Nährwerte/Portion: 168 kcal | EW 2,93 g | F 10,74 g | KH 14,89 g

Gurken-Kartoffel-Brei mit Pute

Zutaten für ca. 5 Portionen

500 g	Salatgurke
300 g	Kartoffeln
100 g	Putenbrustfilet
1	reife Birne
500 g	dünner Pfefferminztee, zubereitet
8–10 g	Butter oder Öl pro Portion

Zubereitung

> Die Gurke waschen, schälen, Kerne entfernen und in Stücke schneiden. Kartoffeln schälen, vierteln und mit den Fleischstücken und der Gurke im Mixtopf **3 Sek./Stufe 5** zerkleinern.

> In das Garkörbchen umfüllen.

> 500 g Pfefferminztee einfüllen und Gareinsatz einhängen, **15 Min./Varoma/Stufe 1** garen.

> Die Birne schälen, entkernen und vierteln.

> Nach Ende der Garzeit den Gareinsatz herausnehmen und die Garflüssigkeit auffangen.

> Den Gurkenmix zusammen mit der Birne je nach gewünschter Konsistenz mit ca. 70–100 g Garflüssigkeit im Mixtopf **30 Sek./Stufe 10** pürieren.

> Wenn Sie den Brei gerne stückiger haben möchten, dann nur **10 Sek./Stufe 6** pürieren.

> Je nach gewünschter Konsistenz evtl. noch etwas Garflüssigkeit dazugeben.

> In Portionen einfrieren und vor dem Füttern ca. 8–10 g Butter oder Öl hinzufügen.

Tomatenbrei _ab 8. Monat_

Zutaten für ca. 4 Portionen

50 g	Sellerie
25 g	Möhren
1 Tl	Öl
500 g	Tomaten, stückig (FP)
350 g	Wasser
50 g	Fruchtsaft, z.B. Apfel
100 g	Reis
1 El	Kräuter (TK)
8–10 g	Butter oder Öl pro Portion

Zubereitung

> Sellerie und Möhren im Mixtopf **5 Sek./Stufe 5** zerkleinern.

> Öl hinzufügen und **3 Min./Varoma/Stufe 1** dünsten.

> Tomaten, Wasser und Saft hinzugeben, **5 Min./100°C/Stufe 1** kochen.

> Reis über den Deckel dazugeben und **18 Min./100°C/LL/Stufe 1** weiter kochen.

> Nach dem Ende der Garzeit den Brei **15 Sek./Stufe 7** fein pürieren.

> Wenn Sie den Brei gerne stückiger haben möchten,
> dann nur **5 Sek./Stufe 4.5** pürieren.

> Je nach gewünschter Konsistenz evtl. noch etwas Wasser dazugeben.

> In Portionen einfrieren und vor dem Füttern Butter oder Öl hinzufügen.

Nährwerte/Portion: 280 kcal | EW 7,76 g | F 18,31 g | KH 21,07 g

Graupenbrei mit Lamm

Zutaten für ca. 5 Portionen

250 g	Möhren, geschält in Stücken
120 g	Lamm, in Stücken
2 El	Rapsöl
100 g	Perlgraupen
200 g	Orangensaft
400 g	Wasser
8–10 g	Butter oder Öl pro Portion

Zubereitung

> Möhren und Lamm im Mixtopf **5 Sek./Stufe 5** zerkleinern.
> Rapsöl dazugeben und **2:30 Min./Varoma/Stufe 1** dünsten.
> Graupen hinzugeben und **3 Min./Varoma/Stufe 1** mit dem Gemüse dünsten.
> Wasser und Orangensaft einfüllen, **30 Min./100°C/SRS** kochen.
> Den Graupenbrei **30 Sek./Stufe 8** pürieren.

> Wenn Sie den Brei gerne stückiger haben möchten,
> dann nur **10 Sek./Stufe 6** pürieren.
> Je nach gewünschter Konsistenz evtl. noch etwas Wasser dazugeben.

> In Portionen einfrieren und vor dem Füttern pro Portion
> ca. 8–10 g Butter oder Öl hinzufügen.

Gemüsesuppe *ab 6.–7. Monat*

Zutaten für 5 Portionen

100 g	Kartoffeln, geschält in Stücken	100 g	Möhren, in Stücken
40 g	Sellerie	90 g	Äpfel, in Stücken
30 g	Lauch	500 g	Wasser
100 g	Zucchini, in Stücken	100 g	Fruchtsaft, z.B. Orange
45 g	rote Paprika	2 St.	Petersilie
25 g	Fenchel	8–10 g	Butter oder Öl pro Portion

Zubereitung

> Gemüse und Obst in den Mixtopf geben und **3 Sek./Stufe** 5 zerkleinern.

> Den Mixtopfinhalt in das Garkörbchen umfüllen.

> Wasser in den Mixtopf einwiegen, das Körbchen einhängen und **15 Min./Varoma/Stufe** 1 kochen.

> Garkörbchen herausnehmen und das Garwasser umfüllen.

> Die Gemüsemischung, 350 g Garwasser, Saft und Petersilie in den Mixtopf geben, **30 Sek./Stufe** 10 pürieren.

> Je nach gewünschter Konsistenz evtl. noch etwas Garwasser dazugeben.

> In Portionen einfrieren und vor dem Füttern Butter oder Öl zufügen.

Tipp *Je nach Alter des Kindes evtl. mit etwas Sahne verfeinern.*

Nährwerte/Portion: 144 kcal | EW 1,47 g | F 10,20 g | KH 11,44 g

Nährwerte/Portion: 168 kcal | EW 7,42 g | F 10,53 g | KH 10,76 g

Brokkolibrei mit Lachs

Zutaten für ca. 5 Portionen

300 g	Kartoffeln, geschält und geviertelt
250 g	Brokkoli in Röschen
120 g	Lachsfilet (oder z.B. Seelachsfilet) in Würfeln
300 g	Wasser
8–10 g	Butter oder Öl pro Portion

Zubereitung

> Kartoffeln und Brokkoli im Mixtopf **5 Sek./Stufe 3** zerkleinern und in den Gareinsatz umfüllen.

> Wasser einwiegen und den Gareinsatz einhängen.

> Lachswürfel auf die Kartoffelmischung legen und **15 Min./Varoma/Stufe 1** garen.

> Den Inhalt des Garkörbchens in den Mixtopf zur Flüssigkeit hinzugeben und **30 Sek./Stufe 8** fein pürieren.

> Wenn Sie den Brei gerne stückiger haben möchten, nur **10 Sek./Stufe 6** pürieren.

> Je nach gewünschter Konsistenz evtl. noch etwas Wasser dazugeben.

> In Portionen einfrieren und vor dem Füttern ca. 8–10 g Butter oder Öl zufügen.

Gemüseallerlei *ab 8. Monat*

Zutaten für ca. 4 Portionen

10 g	Petersilienwurzel	100 g	Zucchini, in Stücken
100 g	Paprika, in Stücken	100 g	Kohlrabi, in Stücken
100 g	Blumenkohl, in Röschen	350 g	Wasser
25 g	Maiskörner	100 g	Fruchtsaft, z.B. Orange
50 g	Aubergine, in Stücken	8 – 10 g	Butter oder Öl pro Portion
100 g	Möhren, in Stücken		

Zubereitung

› Das Gemüse in den Mixtopf geben und **5 Sek./Stufe 5** zerkleinern.

› Den Inhalt in das Garkörbchen umfüllen.

› Wasser in den Mixtopf einwiegen.

› Das Garkörbchen einhängen und **15 Min./Varoma/Stufe 2** garen.

› Garkörbchen aushängen und die Flüssigkeit umfüllen.

› Die Gemüsemischung, Saft und ca. 200 g Wasser in den Mixtopf geben,
  30 Sek./Stufe 8 fein pürieren.

› Wenn Sie den Brei gerne stückiger haben möchten,
  dann nur **10 Sek./Stufe 6** pürieren.

› Je nach gewünschter Konsistenz evtl. noch etwas Wasser dazugeben.

› In Portionen einfrieren und vor dem Füttern ca. 8 – 10 g Butter oder Öl hinzufügen.

Tipp *Sie können natürlich die Gemüsesorten nach Belieben variieren.*

Nährwerte/Portion: 148 kcal | EW 2,62 g | F 10,47 g | KH 10,74 g

Nährwerte/Portion: 169 kcal | EW 3,54 g | F 10,47 g | KH 15,25 g

Zucchini-Tomaten-Brei mit Nudeln

Zutaten für ca. 5 Portionen

300 g	Zucchini, in Stücken
80 g	Birne, geschält in Stücken
200 g	Tomaten, stückig (FP)
80 g	Nudeln, z.B. Spiralen
250 g	Wasser
8–10 g	Butter oder Öl pro Portion

Zubereitung

> Zucchini und Birne in den Mixtopf geben, **3 Sek./Stufe 4** zerkleinern und in das Garkörbchen umfüllen.

> Stückige Tomaten, Nudeln und Wasser in den Mixtopf einfüllen.

> Das Garkörbchen einhängen, **13 Min./Varoma/SRS** garen.

> Garkörbchen aushängen und das Gemüse in den Mixtopf zu den Nudeln geben, **30 Sek./Stufe 8** fein pürieren.

> Für eine etwas stückigere Variante nur **10 Sek./Stufe 6** pürieren.

> Je nach gewünschter Konsistenz evtl. noch etwas Wasser dazugeben.

> In Portionen einfrieren und vor dem Füttern ca. 8–10 g Butter oder Öl zugeben

Tipp *Sie können den Brei mit frischen Kräutern noch etwas verfeinern.*

Erbsenbrei mit Süßkartoffeln *ab 8.- 9. Monat*

Zutaten für ca. 5 Portionen

250 g	Süßkartoffeln, geschält in Stücken
350 g	Erbsen (TK)
50 g	Haferflocken
350 g	Wasser
75 g	Aprikosensaft
35 g	Salatgurke, geschält in Stücken
8–10 g	Butter oder Öl pro Portion

Zubereitung

› Süßkartoffeln in den Mixtopf geben und **3 Sek./Stufe 5** zerkleinern.

› Wasser hinzufügen und **6 Min./100°C/Stufe 2** kochen.

› Erbsen und Haferflocken hinzugeben, **10 Min./100°C/Stufe 2** weiter kochen.

› Saft und Gurke dazugeben, **30 Sek./Stufe 8** fein pürieren.

› Wenn Sie den Brei gerne stückiger haben möchten, dann nur **ca. 5 Sek./Stufe 6** pürieren.

› Je nach gewünschter Konsistenz evtl. noch etwas Wasser dazugeben.

› In Portionen einfrieren und vor dem Füttern ca. 8–10 g Butter oder Öl hinzufügen.

Nährwerte/Portion: 211 kcal | EW 7,37 g | F 12,78 g | KH 16,53 g

Kohlrabi-Möhren-Brei mit Nudeln

Zutaten für ca. 5 Portionen

100 g	Hähnchen
250 g	Kohlrabi
250 g	Möhren
80 g	Nudeln
1 Tl	Butter
300 g	Fenchel-Anis-Kümmeltee, zubereitet
8 – 10 g	Butter oder Öl pro Portion

Zubereitung

> Alle Zutaten, bis auf den Tee, in den Mixtopf geben und **3 Sek./Stufe 5** zerkleinern.

> Die Gemüsemischung **5 Min./100°C/Stufe 1** dünsten.

> Den Tee dazugießen und **10 Min./100°C/Stufe 1** garen.

> Nach dem Ende der Garzeit **30 Sek./Stufe 8** fein pürieren.

> Für eine etwas stückigere Variante nur **5 – 7 Sek./Stufe 6** pürieren.

> Je nach gewünschter Konsistenz evtl. noch etwas Wasser dazugeben.

> In Portionen einfrieren und vor dem Füttern ca. 8 – 10 g Butter oder Öl hinzugeben.

Ratatouille *ab 10. Monat*

Zutaten für ca. 3 Portionen

20 g	Zwiebeln
150 g	Zucchini in Stücken
200 g	rote Paprika
90 g	Aubergine, in Stücken
300 g	Tomaten, stückig (FP)
8–10 g	Butter oder Öl pro Portion

evtl. Kräuter nach Geschmack

Zubereitung

> Zwiebeln, Zucchini, Paprika und Aubergine im Mixtopf
> **4 Sek./Stufe 5** zerkleinern.

> Tomaten hinzugeben und **12 Min./100°C/Stufe 2** kochen.

> Das Ratatouille **30 Sek./Stufe 8** fein pürieren.

> Wenn Sie den Brei gerne stückiger haben möchten, nur **5 Sek./Stufe 6** pürieren.

> Je nach gewünschter Konsistenz evtl. noch etwas Wasser oder Saft dazugeben.

> In Portionen einfrieren und vor dem Füttern ca. 8–10 g Butter oder Öl hinzufügen.

Tipp *Sie können auch frische Tomaten verwenden. Achten Sie bitte darauf, dass diese reif und aromatisch sind.*

Zucchini-Reis-Brei *ab 6.–7. Monat*

Zutaten für ca. 5 Portionen

200 g	Zucchini
150 g	Kohlrabi, geschält
100 g	Reis
1200 g	Wasser
50 g	Saft
35 g	Hirseflocken
8–10 g	Butter oder Öl pro Portion

Zubereitung

> Zucchini und Kohlrabi in ca. 2–3 cm große Stücke schneiden und im Varoma verteilen.

> Das Garkörbchen einhängen.

> Reis in das Garkörbchen einwiegen (am besten einmal unter fließend Wasser halten).

> Wasser einwiegen.

> Varoma aufsetzen und **35 Min./Varoma/Stufe 2** garen.

> Varoma abnehmen und den Reis **5 Min./Varoma/Stufe 2** fertig garen.

> Garkörbchen herausnehmen, zur Seite stellen und das Garwasser umfüllen.

> Saft, Hirseflocken und 300 g Garwasser in den Mixtopf geben, **4 Min./100°C/Stufe 2** kochen.

> Reis und Gemüse hinzugeben **30 Sek./Stufe 8** fein pürieren.

> Wenn Sie den Brei gerne stückiger haben möchten, dann nur **10 Sek./Stufe 6** pürieren.

> Je nach gewünschter Konsistenz evtl. noch etwas Wasser dazugeben.

> In Portionen einfrieren und vor dem Füttern ca. 8–10 g Butter oder Öl zufügen.

Nährwerte/Portion: 203 kcal | EW 3,55 g | F 10,54 g | KH 23,44 g

Spinat-Kartoffel-Brei

Zutaten für ca. 4 Portinonen

250 g	Blattspinat (TK), angetaut oder frischer Blattspinat
200 g	Kartoffeln, in Stücken
2 St.	Petersilie
100 g	Äpfel, in Stücken
300 g	Wasser
30 g	Hirse
8–10 g	Butter oder Öl pro Portion

Zubereitung

› Spinat, Kartoffeln, Petersilie und die Apfelstücke in den Mixtopf geben und **6 Sek./Stufe 5** zerkleinern.

› Wasser und Hirse hinzugeben, **11:30 Min./100°C/Stufe 2** kochen.

› Den Brei **30 Sek./Stufe 8** fein pürieren.

› Je nach gewünschter Konsistenz evtl. noch etwas Wasser dazugeben.

› In Portionen einfrieren und vor dem Füttern ca. 8–10 g Butter oder Öl zufügen.

Tipp *Sie können zu dem Gemüse auch 120 g Fleisch hinzugeben und mitgaren.*

Spaghetti Bolognese — *ab 8. Monat*

Zutaten für ca. 5 Portionen

25 g	Lauch
40 g	Sellerie
130 g	Möhren
450 g	Tomaten, stückig
150 g	Wasser
60 g	Gabelspaghetti
10 Bl.	frisches Basilikum
120 g	Hackfleisch, Beefsteak
8 – 10 g	Butter oder Öl pro Portion

Zubereitung

> Das Gemüse in den Mixtopf geben und **5 Sek./Stufe 5** zerkleinern.

> Tomaten und Wasser hinzugeben, **8 Min./100°C/Stufe 2** kochen
> (Garkörbchen als Spritzschutz verwenden).

> Währenddessen die Gabelspaghetti nach Packungsangabe kochen.
> Falls diese zu groß sind, vor dem Kochen im trockenen Zustand etwas zerbrechen.

> Basilikum zu der Soße geben und **30 Sek./Stufe 8** pürieren.

> Das Hackfleisch in Stücken zugeben und **3 Min./100°C/Stufe 2** kochen.

> Die Gabelspaghetti hinzufügen und **10 Sek./LL/Stufe 3** unterrühren.

> Damit der Brei feiner wird, nochmals **30 Sek./Stufe 8** pürieren.

> In Portionen einfrieren und vor dem Füttern ca. 8 – 10 g Butter oder Öl zufügen.

Nährwerte/Portion: 217 kcal | EW 5,49 g | F 14,22 g | KH 16,46 g

Zutaten für ca. 5 Portionen

350 g	Zucchini, in Stücken
150 g	Blumenkohl, in Röschen
80 g	Couscous
250 g	Möhrensaft
30 g	Sesampaste (Tahina)
200 g	Wasser
8–10 g	Butter oder Öl pro Portion

Zubereitung

› Zucchini und Blumenkohl im Mixtopf **2 Sek./Stufe 5** zerkleinern.

› Wasser einwiegen und **10 Min./100°C/Stufe 1** garen.

› Währenddessen den Couscous mit dem Möhrensaft in einer Schüssel quellen lassen.

› Nach der Garzeit die Couscous-Saft-Mischung und die Sesampaste in den Mixtopf geben, **3 Sek./Stufe 3** vermischen.

› Den Couscousbrei noch einmal kurz kochen lassen, **3 Min./100°C/Stufe 3**.

› Den Brei **30 Sek./Stufe 8** fein pürieren.

› Wenn Sie den Brei gerne stückiger haben möchten, dann nur **10 Sek./Stufe 6** pürieren.

› Je nach gewünschter Konsistenz evtl. noch etwas Wasser dazugeben.

› In Portionen einfrieren und vor dem Füttern ca. 8–10 g Butter oder Öl hinzufügen.

Tomatenpolenta   *ab 7.–8. Monat*

Zutaten für ca. 4 Portionen

200 g	Cherrytomaten
100 g	Äpfel
100 g	Polenta
550 g	Wasser
1–2 Tl	gemischte Kräuter, gehackt
8–10 g	Butter oder Öl pro Portion

Zubereitung

> Die Äpfel entkernen und in Stücke schneiden, die Tomaten halbieren.
> Tomaten und Äpfel in den Mixtopf geben, **3 Sek./Stufe 4** zerkleinern.
> Polenta und Wasser hinzufügen, **10 Min./100°C/Stufe 1** kochen.
  Das Garkörbchen bitte als Spritzschutz verwenden.
> Anschließend **5 Min./90°C/Stufe 1** fertig garen.
> Nach dem Ende der Garzeit **30 Sek./Stufe 8** fein pürieren.

> Für eine etwas stückigere Variante nur kurz oder gar nicht pürieren.
> Je nach gewünschter Konsistenz evtl. noch etwas Wasser dazugeben.

> In Portionen einfrieren und vor dem Füttern
  ca. 8–10 g Butter oder Öl zugeben

Tipp   *Man kann auch etwas geriebenen Käse unter die Polenta rühren.*

Nährwerte/Portion: 151 kcal | EW 5,86 g | F 11,37 g | KH 6,27 g

Zutaten für ca. 5 Portionen

50 g	Zwiebeln
150 g	Kartoffeln, in Stücken
150 g	Möhren, in Stücken
120 g	Rindfleisch (z.B. Hüfte), in Stücken
250 g	Tomaten, stückig (FP)
100 g	Apfelsaft
80 g	Sahne, wenn gewünscht
8–10 g	Butter oder Öl pro Portion

Zubereitung

> Zwiebeln, Kartoffeln, Möhren und Fleisch in den Mixtopf geben und **12 Sek./Stufe 5** zerkleinern.

> Tomaten und Saft dazugeben, **13 Min./100°C/Stufe 2** kochen (Garkörbchen als Spritzschutz verwenden).

> Wenn gewünscht, Sahne hinzufügen und **1 Min./100°C/Stufe 2** aufkochen.

> Das Gulasch **30 Sek./Stufe 8** fein pürieren.

> Wenn Sie den Brei gerne stückiger haben möchten, dann nur **5–8 Sek./Stufe 6** pürieren.

> Je nach gewünschter Konsistenz evtl. noch etwas Wasser dazugeben.

> In Portionen einfrieren und vor dem Füttern ca. 8–10 g Butter oder Öl zufügen.

Spätzle in Gemüse   ab 9.–10. Monat

Zutaten für ca. 4 Portionen

40 g	Petersilienwurzeln
20 g	Schalotten
110 g	Möhren
110 g	Zucchini
80 g	Erbsen (TK)
400 g	Wasser
250 g	Spätzle
8–10 g	Butter oder Öl pro Portion

Zubereitung

› Petersilienwurzeln, Schalotten, Möhren und Zucchini in den Mixtopf geben, **3 Sek./Stufe 5** zerkleinern.

› Erbsen und Wasser dazugeben, **10 Min./100°C/Stufe 2** kochen.

› Spätzle zum Gemüse hinzugeben und **3 Min./100°C/Stufe 2** weiter kochen.

› Den Brei **30 Sek./Stufe 8** fein pürieren.

› Wenn Sie den Brei gerne stückiger haben möchten, nur **5 Sek./Stufe 6** pürieren.

› Je nach gewünschter Konsistenz evtl. noch etwas Wasser hinzugeben.

› In Portionen einfrieren und vor dem Füttern ca. 8–10 g Butter oder Öl zufügen.

Grundrezept – Nachmittagsbrei *ab 6.–7. Monat*

Zutaten für ca. 5 Portionen

100 g	Wasser
20 g	Getreideflocken z.B. Grieß, Hirseflocken usw.
80–100 g	Früchte (z.B. Birne, Apfel, Erdbeeren usw.), in Sücken
5 g	Butter oder Öl

Zubereitung

> Wasser, Getreide und Früchte in den Mixtopf geben,
8 Min./100°C/Stufe 3 kochen.

> Butter oder Öl hinzugeben und **15 Sek./Stufe 2** unterrühren.

> Falls Sie fertiges Fruchtmus verwenden, geben Sie dieses zusammen mit der Butter oder dem Öl dazu.

> Je nach Alter des Kindes können sie die Früchte auch klein geschnitten oder zerdrückt vor dem Servieren hinzugeben.

Nährwerte/Portion: 37 kcal | EW 0,56 g | F 1,26 g | KH 5,65 g

Schneller Zwiebackbrei mit Pflaume

Zutaten für 1 Portion

25 g	Zwieback, in Stücken
50 g	Pflaumen, geschält und entkernt
50 g	Birne
100 g	Wasser
5 g	Butter oder Öl

Zubereitung

> Zwieback, Pflaumen und Birne in den Mixtopf geben und **3 Sek./Stufe 5** zerkleinern.

> Wasser dazugeben und **3 Min./100°C/Stufe 2** erhitzen.

> Butter oder Öl hinzugeben und **10 Sek./Stufe 4** unterrühren.

> Je nach Alter des Kindes können Sie das Obst auch klein geschnitten vor dem Servieren in den Brei rühren.

Nährwerte/Portion: 189 kcal | EW 3,01 g | F 6,31 g | KH 29,54 g

Nährwerte/Portion: 140 kcal | EW 2,65 g | F 5,46 g | KH 19,57 g

Grießbrei mit Erdbeeren

Zutaten für 1 Portion

100 g	Wasser
20 g	Grieß, z.B. Dinkelgrieß
60 g	Erdbeeren, geviertelt
20 g	Birne, in Stücken
5 g	Butter oder Öl

Zubereitung

› Wasser, Grieß und Früchte in den Mixtopf geben,
  8 Min./100°C/Stufe 3 kochen.
› Butter oder Öl hinzufügen und **10 Sek./Stufe 2** unterrühren.

› Je nach Alter und Vorliebe Ihres Kindes können Sie die Birne gerieben und
  die Erdbeeren klein gewürfelt vor dem Servieren unterrühren.

Tipp *Sie können die Früchte beliebig tauschen und je nach
Jahreszeit und Vorliebe Ihres Kindes variieren.*

Zutaten für 1 Portion

100 g	Wasser
20 g	Getreideflocken (z.B. Hirse- oder Reisflocken)
5 g	Mandeln, geschält und gemahlen
100 g	Birnen, gewaschen u. entkernt, in Stücken
5 g	Butter oder Öl

Zubereitung

› Wasser, Getreide und Mandeln in den Mixtopf füllen und **5 Min./Varoma/Stufe 2** kochen.

› Birne und Butter dazugeben, **15 Sek./Stufe 8** pürieren.

Nährwerte/Portion: 205 kcal | EW 4,11 g | F 9,20 g | KH 26,55 g

4-Korn-Brei mit Avocado

Zutaten für 1 Portion

20 g	4-Korn-Flocken
120 g	Wasser
60 g	Saft,
	z.B. Orangensaft
5 g	Butter oder Öl
1	reife Avocado

Zubereitung

› Flocken, Wasser und Saft in den Mixtopf geben, **6:30 Min./Varoma/Stufe 2** kochen.

› Die Avocado vom Stein lösen und das Fruchtfleisch mit einem Löffel herausnehmen.

› Das Fruchtfleisch und Butter in den Mixtopf hinzufügen, **10 Sek./Stufe 6** pürieren.

› Sie können je nach Vorliebe und Alter des Kindes die Avocado auch mit einer Gabel zerdrückt unter den Brei mischen.

Beeren Polenta   *ab 6.–7. Monat*

Zutaten für 1 Portion

20 g	Polenta (Maisgrieß)
100 g	Wasser
40 g	Erdbeeren
30 g	Blaubeeren
30 g	Himbeeren
5 g	Butter oder Öl

Zubereitung

> Polenta und Wasser einwiegen, **5 Min./SRS** quellen lassen.

> Anschließend **3 Min./100°C/Stufe** 2 kochen.

> Die Beeren waschen und putzen, die Erdbeeren vierteln.

> Beeren zur Polenta hinzufügen und **3 Min./80°C/Stufe** 3 weiter kochen.

> Butter oder Öl dazugeben und **10 Sek./Stufe** 2 unterrühren.

> Nach Wunsch auf Sicht noch etwas pürieren.

> Je nach Alter und Vorliebe Ihres Kindes können Sie die Beeren auch klein geschnitten oder mit einer Gabel zerdrückt vor dem Servieren unter den Brei rühren.

> Bitte verwenden Sie ausschließlich süße, reife Früchte.

Reisbrei mit Trauben   *ab 6.–7. Monat*

Zutaten für 1 Portion

100 g	Weintrauben, hell und kernlos
15 g	Reisflocken
100 g	Wasser
5 g	Butter oder Öl

Zubereitung

› Die Weintrauben waschen.
› Alle Zutaten in den Mixtopf geben und **6 Min./Varoma/Stufe** 2 kochen.
› Butter oder Öl hinzufügen.
› Den Brei **10 Sek./Stufe 6** pürieren.

› Je nach Alter und Vorliebe des Kindes können Sie die Weintrauben auch in kleine Stücke geschnitten vor dem Füttern unter den Brei rühren.

Nährwerte/Portion: 172 kcal | EW 2,00 g | F 5,70 g | KH 27,36 g

Babykeksbrei mit Apfel

Zutaten für 1 Portion

60 g	Apfel, in Stücken
20 g	Babykekse (ohne Zucker)
120 g	Wasser
40 g	Banane
5 g	Butter oder Öl

Zubereitung

> Apfel und Kekse in den Mixtopf geben,
  3 Sek./Stufe 5 zerkleinern und mit dem Spatel runterschieben.
> Wasser hinzufügen und **3 Min./100°C/Stufe 2** erhitzen.
> Banane und Butter oder Öl dazugeben, **10 Sek./Stufe 5** pürieren.
> Für eine sehr fein pürierte Variante **10 Sek./Stufe 8** zerkleinern.

Grundrezept – Abendbrei   *ab 6. Monat*

Zutaten für 1 Portion

200 g	Milch
20 g	Getreideflocken, z.B. Grieß, Hirseflocken usw.
20 g	Obstmus oder frische Früchte

Zubereitung

> Milch und Getreide in den Mixtopf geben und **8 Min./90°C/Stufe 2** kochen.

> Bei frischen Früchten diese in kleinen Stücken mit dem Getreide hinzugeben.

> Obstmus dazugeben und **10 Sek./Stufe 2** unterrühren.

> Je nach Alter des Kindes können Sie die Menge der Früchte variieren und kleingeschnitten oder zerdrückt vor dem Servieren dazugeben.

Tipp *Sie können anstatt Getreideflocken auch ganzes Getreide nehmen, dieses dann vorher ca. 20 Sek./Stufe 10 mahlen.*

Nährwerte/Portion: 226 kcal | EW 9,25 g | F 8,42 g | KH 27,14 g

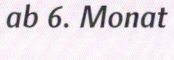

Erdbeerpolenta

Zutaten für 1 Portion

200 g	Milch
20 g	Polenta (Maisgrieß)
50 g	Erdbeeren in Stücken

Zubereitung

> Rühraufsatz einsetzen.
> Milch und Polenta einwiegen und **5 Min./SRS** quellen lassen.
> Erdbeeren dazugeben und **8 Min./90°C/Stufe 3** kochen.

> Für die stückige Variante die Erdbeeren klein schneiden und erst vor dem Servieren in den Brei streuen.

Grießbrei mit Nektarine ab 6. Monat

Zutaten für 1 Portion

50 g	Nektarinen
200 g	Milch
20 g	Vollkorn- oder Dinkelgrieß

Zubereitung

› Die Nektarine schälen und in grobe Stücke schneiden.

› Rühraufsatz einsetzen.

› Alle Zutaten in den Mixtopf geben und **8 Min./90°C/Stufe 3** kochen.

› Wenn Sie Ihrem Baby den Brei gerne mit Stücken füttern möchten, die Nektarine in kleine Würfel schneiden und vor dem Servieren in den Brei geben.

Nährwerte/Portion: 224 kcal | EW 9,27 g | F 7,35 g | KH 29,39 g

Hirsemilchbrei mit Blaubeeren

Zutaten für 1 Portion

200 g	Milch
20 g	Hirseflocken
50 g	Blaubeeren

Zubereitung

> Alle Zutaten in den Mixtopf geben und **8 Min./90°C/Stufe** 2 kochen.

> Je nach Alter Ihres Kindes können Sie die Blaubeeren auch mit einer Gabel zerdrücken und erst kurz vor dem Servieren dazugeben.

Tipp *Sie können die Früchte beliebig tauschen und je nach Jahreszeit und Vorliebe Ihres Kindes variieren.*

Zutaten für 1 Portion

200 g	Milch
20 g	4-Korn-Flocken
20 g	Mango
50 g	Banane

Zubereitung

> Milch, Flocken und Mango in den Mixtopf geben,
> **8 Min./90°C/Stufe 2** kochen.

> Die Banane in Stücken zugeben und **10 Sek./Stufe 7** unterrühren.

> Je nach Alter und Vorliebe des Kindes können Sie die Früchte auch
> kleingeschnitten oder mit einer Gabel zerdrückt vor dem Füttern dazugeben.

Nährwerte/Portion: 254 kcal | EW 9,82 g | F 8,02 g | KH 34,43 g

Zutaten für 1 Portion

200 g	Milch
20 g	Babykekse (ohne Zucker)
30 g	Banane

Zubereitung

> Milch und Kekse in den Mixtopf geben, **3:30 Min./90°C/Stufe** 2 kochen.

> Banane hinzugeben und **5 Sek./Stufe 5** unterrühren.

> Wenn der Brei sehr fein püriert sein soll, dann **10 Sek./Stufe 8** pürieren.

Hier haben wir für Sie noch ein paar Fragen rund um das Thema Babybrei zusammengefasst

Was ist Beikost und wann wird diese eingeführt?

Als Beikost werden all die Lebensmittel verstanden, die Ihrem Baby nach der reinen Milchernährung gefüttert werden.

Der beste Zeitpunkt der Einführung von Babybrei kann von Baby zu Baby sehr unterschiedlich sein. In der Regel wird meist zwischen dem 5. und 7. Monat begonnen.

Gute Anzeichen dafür, dass Ihr kleiner Liebling soweit ist:

- Ihr Baby interessiert sich immer mehr dafür, wenn andere essen.

- Ihr Baby kann mit etwas Unterstützung schon ein wenig sitzen.

- Ihr Baby versucht nach Essen zu greifen, um sich dieses in den Mund zu stecken.

- Die Bereitschaft zum Kauen ist vorhanden.

- Essen wird nicht mehr aus dem Mund geschoben durch den Zungenreflex.

- Ihr Baby scheint mit der Milch nicht mehr richtig satt zu werden.

Mittags, Abends oder doch besser mit dem Frühstück anfangen?

Es ist nicht wichtig, zu welcher Mahlzeit bzw. mit welchem Babybrei Sie anfangen. Passen Sie dies ruhig den Gewohnheiten in Ihrer Familie an. Es hat sich allerdings bewährt, Mittags mit dem Babybrei anzufangen. Ihr Baby hat so am Nachmittag Zeit, das Neue zu verarbeiten.

Welches Gemüse für den ersten Babybrei verwenden?

Die Klassiker bei den meisten Rezepten sind Karotte, Kürbis oder Pastinake. Beginnen Sie am besten mit einem reinen Gemüsebrei und füttern Sie diesen ca. 5–7 Tage, bis Sie eine weitere Sorte einführen. Geben Sie Ihrem Baby immer etwas Zeit sich daran zu gewöhnen. Zudem können Sie so beobachten, ob Ihr Baby das neue Gemüse gut verträgt.

Wie viel Babybrei soll mein Baby essen?

Beginnen Sie mit ein paar Löffeln und steigern Sie die Menge täglich. Zwingen Sie aber Ihr Baby nicht dazu. Bei der Einführung sollten Sie Ihr Baby nach den Mahlzeiten stillen bzw. Milchnahrung füttern nach Bedarf. Dies ist nötig, solange die Menge der Babynahrung noch nicht zum satt werden ausreicht. Die Menge sollte langsam auf ca. 150 g–200 g gesteigert werden, bis eine volle Milchmahlzeit ersetzt ist.

Aller Anfang ist schwer! Was tun wenn es nicht klappt?

Machen Sie sich oder Ihrem Baby keinen Druck. Wenn Ihrem Baby noch kein Brei schmeckt warten Sie einfach 2 oder 3 Wochen und versuchen es dann erneut. Oder versuchen Sie z.B. mal einen anderen Löffel für die Babynahrung.

Braucht mein Baby zusätzlich etwas zu trinken?

Mit Einführung der Beikost sollten Sie beginnen, Ihrem Baby Wasser oder geeigneten ungesüßten Tee im Becher anzubieten. Da sich die Milchmengen reduzieren, ist das zusätzliche Trinken sehr wichtig.

Wann oder wie führe ich weitere Lebensmittel ein?

Wenn Ihr Baby den Gemüsebrei gut verträgt, können Sie dazu übergehen einen Gemüse-Kartoffel-Brei zu kochen. Sie sollten Ihrem Baby ebenfalls wieder einige Tage Zeit geben, um sich daran zu gewöhnen.

Wie oft Fleisch beim Gemüse-Kartoffelbrei? Was ist mit Fisch?

In der Regel sollte man 2–3 mal die Woche ca. 20 g Fleisch mit dem Babybrei füttern. Zusätzlich hat es sich bewährt, bei Babys auch 1 mal die Woche Fisch anstatt Fleisch zu verwenden.

Ab wann wird eine weitere Mahlzeit eingeführt?

Von Experten wird als Faustregel empfohlen, dass man ca. jeden Monat eine Milchmahlzeit ersetzen soll. Wenn Ihr Baby also den Gemüse-Kartoffel-Fleisch-Brei gut verträgt und Sie zusätzlich zu dieser Mahlzeit keine Milchmahlzeit füttern, können Sie einen weiteren Babybrei einführen.

Welcher Brei kommt nach dem Mittagsbrei?

Meist wird als nächster Babybrei der Abendbrei eingeführt. Dieser ist ein Milch-Getreide-Brei, er lässt sich schnell und einfach frisch im Thermomix zubereiten. Selbstverständlich gibt es aber auch die Möglichkeit von Fertigbreien, denen nur Wasser zugesetzt werden muss.

Warum muss Öl in den Babybrei und welches?

Öl muss zugegeben werden, da sonst bestimmte Vitamine nicht aufgenommen werden können. Es gibt spezielles Beikostöl, aber auch Raps-, Sonnenblumen- oder Maiskeimöl sind dafür >>

geeignet. Ebenso kann man Butter verwenden, allerdings sollte diese aus kontrolliertem Anbau stammen, damit sie möglichst schadstofffrei ist. Auf kaltgepresste Öle sollte verzichtet werden, da diese für Babys schädlich sein können.

Wieso sollte man Saft oder Obstmus in den Mittagsbrei geben?

Die Zugabe von Saft oder Obstmus in den Babybrei wird meist empfohlen, da Vitamin C sehr hilfreich ist bei der Eisenaufnahme.

Welches Obst für den Obst Getreidebrei verwenden?

Zu Beginn sind Äpfel, Banane oder auch Birnen gut geeignet. Meist wird es Anfangs als Obstmus in die Babynahrung gemischt. Eine Banane kann einfach mit der Gabel zerdrückt und untergemischt werden.

Hier noch ein paar wichtige Tipps:

Honig ist ein absolutes Tabu für Babys! Darin sind sich die Experten ausnahmsweise sogar einig. Honig kann Bakterien enthalten, die für Ihr Baby schwerwiegende Folgen haben können. Sie solten im 1. Lebensjahr keinen Honig verwenden, einige Experten raten sogar dazu, auch im 2. Lebensjahr keinen Honig zu füttern.

Babys brauchen weder Salz noch Zucker in der Babynahrung. Der natürliche Geschmack der frischen Lebensmittel ist neu und völlig ausreichend.

Geschmacksverstärker und Zusatzstoffe haben in Babynahrung nichts verloren. Sie gelten als mögliche Allergieauslöser und zerstören die feinen Geschmacksnerven Ihres Babys.

Bei fertiger Babynahrung sollten Sie immer genau auf die Inhaltsstoffe achten. Nur weil etwas für Babys ist, heißt dies leider noch lange nicht, dass es frei ist von Zucker, Gewürzen und Zusatzstoffen.

Natürlich sind die Geschmäcker verschieden, aber wir denken, dass uns hier eine gute Mischung gelungen ist.

Wir vom Dargewitz Verlag wünschen Ihnen viel Freude bei der Zubereitung :-)